নড়বড়ে দাঁত

The Wibbly Wobbly Tooth

Written by David Mills
Illustrated by Julia Crouth

Bengali translation by Sujata Banerjee

mantra

সোমবার সন্ধ্যাবেলা, ঘড়িতে যখন ঠিক সাতটা বেজে দুই মিনিট,
ঠিক তখন লি-র দাঁতটা নড়ে উঠল।
আর তারপরই বেশ নড়বড় করতে থাকল।

On Monday evening at two minutes past seven, Li got his first wobbly tooth.
And the tooth went...Wibble Wobble.

মঙ্গলবার, সে ইস্কুলে সকলকে দেখায় সেই দাঁত।
আর দাঁতটা করে ন-নড়-ব-বড়।

On Tuesday, he had to show everyone at school.
And the tooth went...Wibble Wobble, Wibble.

বুধবারে সাবধানে সে লান্‌চ খায়,
আর দাঁত করে নড়বড়, নড়বড়।

On Wednesday, he had to be careful eating his lunch.
And the tooth went...Wibble Wobble, Wibble Wobble.

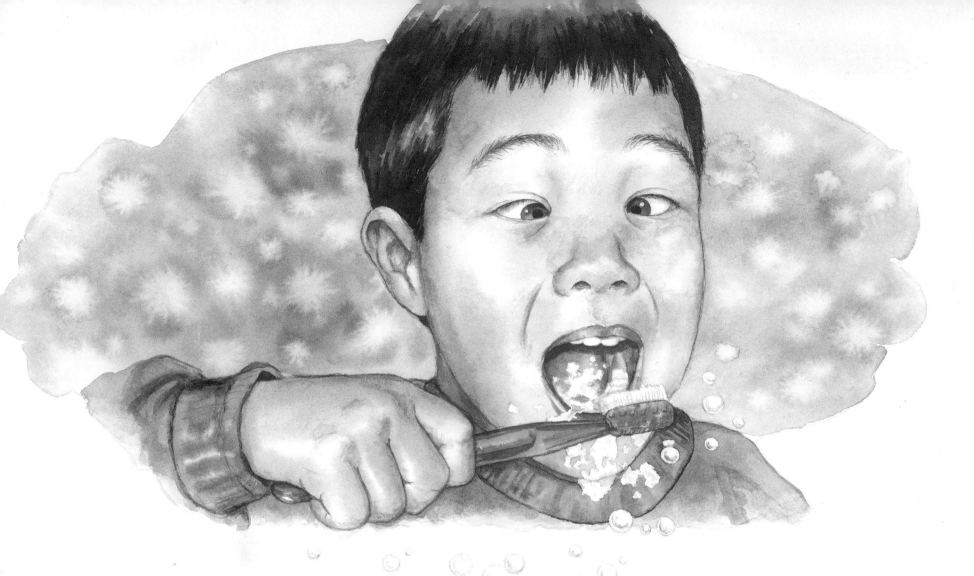

বৃহস্পতিবার সে খুব সাবধানে দাঁত ব্রাশ করে।
আর দাঁতটা করে নড়বড়, নড়বড়, ন–নড়..।

On Thursday, Li had to be extremely careful brushing his teeth.
And the tooth went...Wibble Wobble, Wibble, Wobble, Wibble.

শুক্রবারে লি দাঁতটাকে একবার
সামনে আর একবার পিছনে
নড়াতে থাকল।

On Friday, Li wiggled his tooth in
and out,

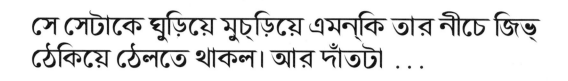

সে সেটাকে ঘুড়িয়ে মুচ্‌ড়িয়ে এমন্‌কি তার নীচে জিভ্‌
ঠেকিয়ে ঠেলতে থাকল। আর দাঁতটা . . .

he twisted it and even stuck his tongue under it,
until it went...

নড়বড়, নড়বড়, নড়বড়,
নড়বড় করতে করতে. . .

এই যা!

WIBBLE WOBBLE, WIBBLE
WOBBLE,
WIBBLE WOBBLE...

OOOOPS!

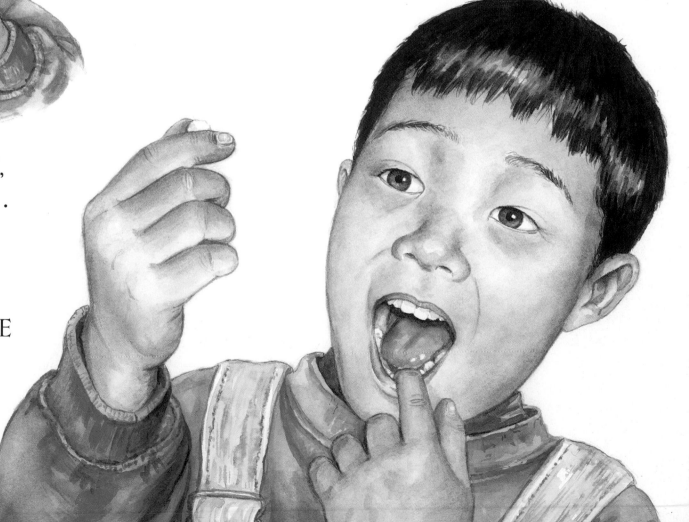

"HURRAY!" everyone cheered.
Li gave them a big smile and he felt very brave.

"কি মজা! কি মজা!" সকলে হৈ হৈ করে উঠল। লি একগাল হাসল।
এবার নিজেকে তার খুব সাহসী মনে হচ্ছে।

ইস্কুল ছুটি হতেই, সে দৌড়ে বাইরে এসে আব্বাকে দেখায়।

When it was time to go home, Li rushed out to show his dad.

"পড়েছে?" আব্বা বলেন,
"সাবাস্!"

"At last," said Dad.
"Well done!"

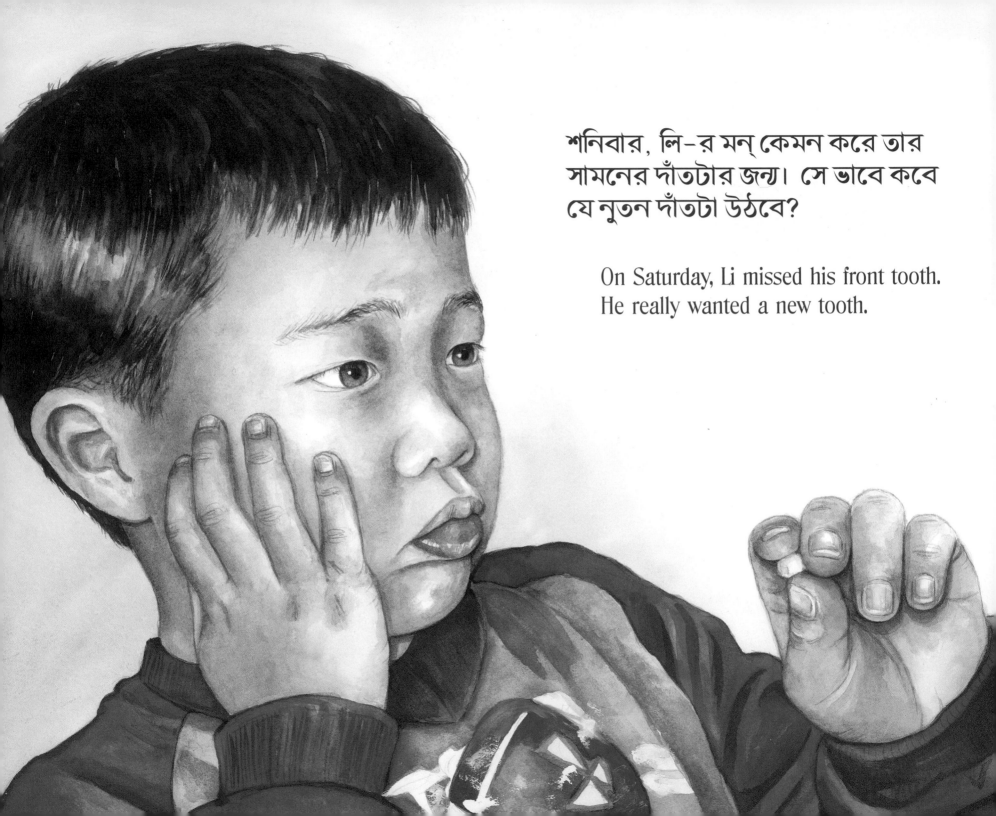

শনিবার, লি-র মন্ কেমন করে তার সামনের দাঁতটার জন্য। সে ভাবে কবে যে নুতন দাঁতটা উঠবে?

On Saturday, Li missed his front tooth. He really wanted a new tooth.

"চলো যাই," আব্বা বলেন, "নানির সাথে দেখা করে
আসি। তিনি ঠিক বলতে পারবেন যে কি করা উচিৎ।"
তারপর তারা সকলে নানির বাসায় গেল।

"Come on," said Dad. "let's go and see Grandma. She'll know just what to do."
So off they went to Grandma's.

"এই দেখ!" লি বলে।

"আরে? তোমার দাঁত পড়েছে?" জো-ই বলে। "জানো? তুমি যদি বালিশের নীচে দাঁতটা রাখো তাহলে দাঁত-পরী এসে পয়সা দেবে!"

"তাই? কিন্তু কেন?" লি জিজ্ঞাসা করে।

"কারণ, সেই দাঁত তার বাড়ি বানাতে দরকার লাগবে।"

"সত্যি নাকি? তাহলে যাই নানিকে গিয়ে বলি তাই," লি বলে।

"Look!" said Li.
"Hey, you've lost your tooth!" said Joey.
"If you put it under the pillow, the tooth
fairy will come and bring you some money!"
"Why?" asked Li.
"She needs your tooth to build
her new house!"
"Oh," said Li. "I'd better tell
my Grandma!"

"এই দেখ! " লি বলে।
"ও ঃ ঃ ! " কোফি বলে। "আমি আমার দাঁতটা মাটি খুড়ে লুকিয়ে রেখেছিলাম।
আর তারপরই নুতন দাঁত বেড়িয়েছিল। "
"সত্যি নাকি? যাই নানিকে গিয়ে বলি তাই! "

"Look!" said Li.
"Oooooo!" said Kofi. "I hid mine in the ground and then my new one grew!"
"Did it really? I must tell my Grandma!"

"এই দেখ!" লি বলে।
"আরে?" সাল্মা বলে। "তুমি নদীতে গিয়ে দাঁতটা ছুড়ে ফেলতে পার। তাতে ভালো হয়।
গুড্-লাক্ হয়। "
"তাই বুঝি?" লি বলে। "আব্বা, কি করি বলো তো?"
"নানি জানেন, " আব্বা বলেন।

"Look!" said Li.
"Hey," said Salma. "You could throw your
tooth into the river and it will
bring you good luck!"
"It will?" said Li. "Dad, what shall
I do?"
"Grandma knows," said Dad.

"নানি, ও নানি, এই দেখ!" লি বলে। "জানো? আমার দাঁতটা নড়বড় নড়বড় নড়বড় নড়বড় করতে করতে টুক্‌ করে পড়ে গেল!" "বা, বেশ, খুব ভালো," নানি হেসে বলেন। "আমি জানি কি করা যায়," নানি ফিস্‌ফিস্‌ করে বলেন। "আর... মনে মনে একটা উইস্‌ করে পাড়ার যে কোনো বাড়ির ছাদে ছুঁড়ে দাও।" "দারুন!" লি চেচিয়ে ওঠে।

"Grandma, grandma, LOOK!" said Li. "My tooth went WIBBLE WOBBLE WIBBLE WOBBLE WIBBLE WOBBLE and OUT!"
"Well, well, well," smiled Grandma. "I know just what to do!" she whispered. "Throw it up onto a neighbour's roof and make a big wish."
"OK," shouted Li and...

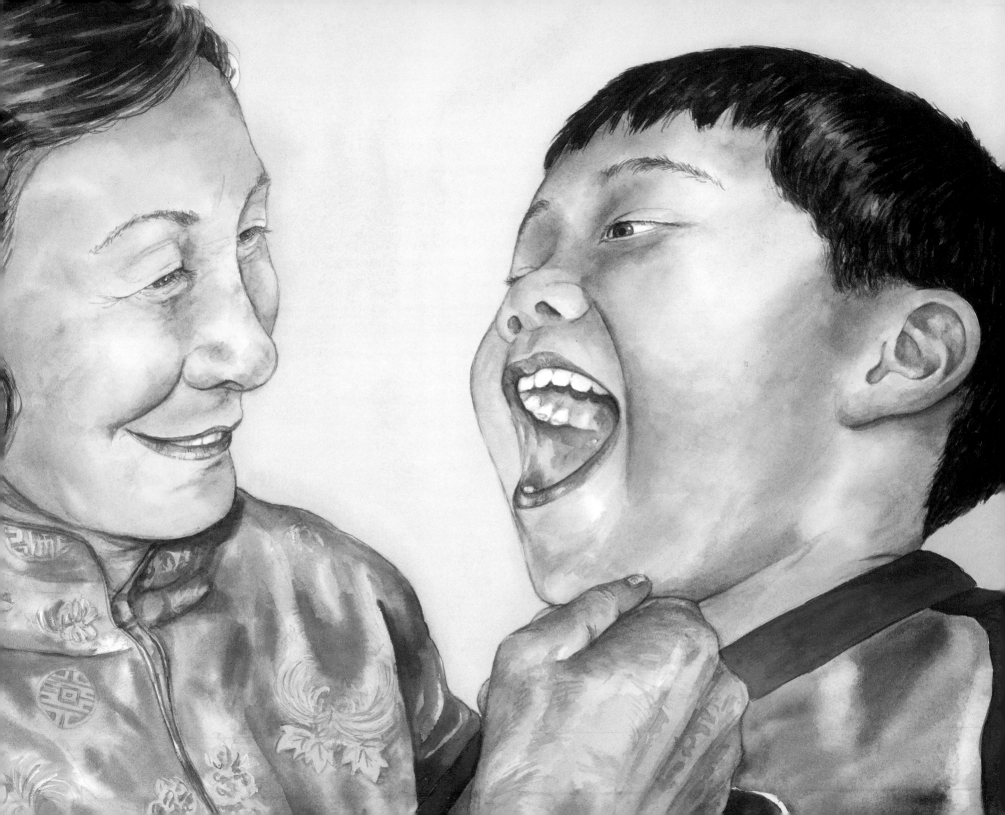

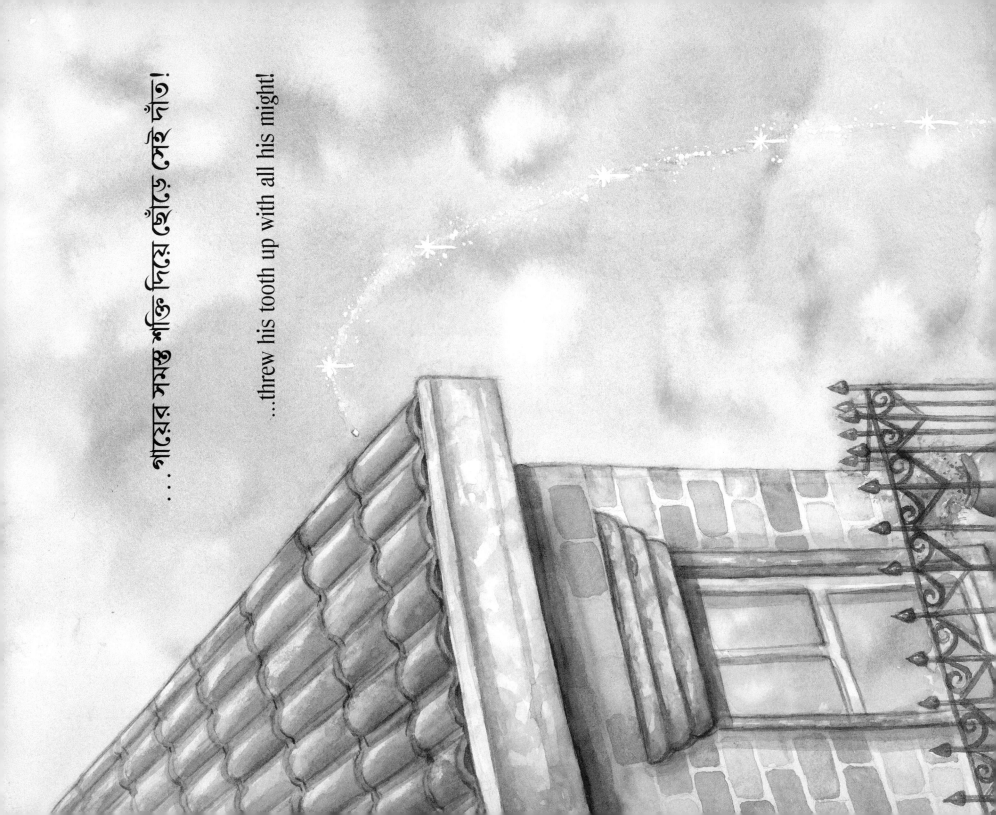

. . . গায়ের সমস্ত শক্তি দিয়ে ছোঁড়ে সেই দাঁত!

...threw his tooth up with all his might!

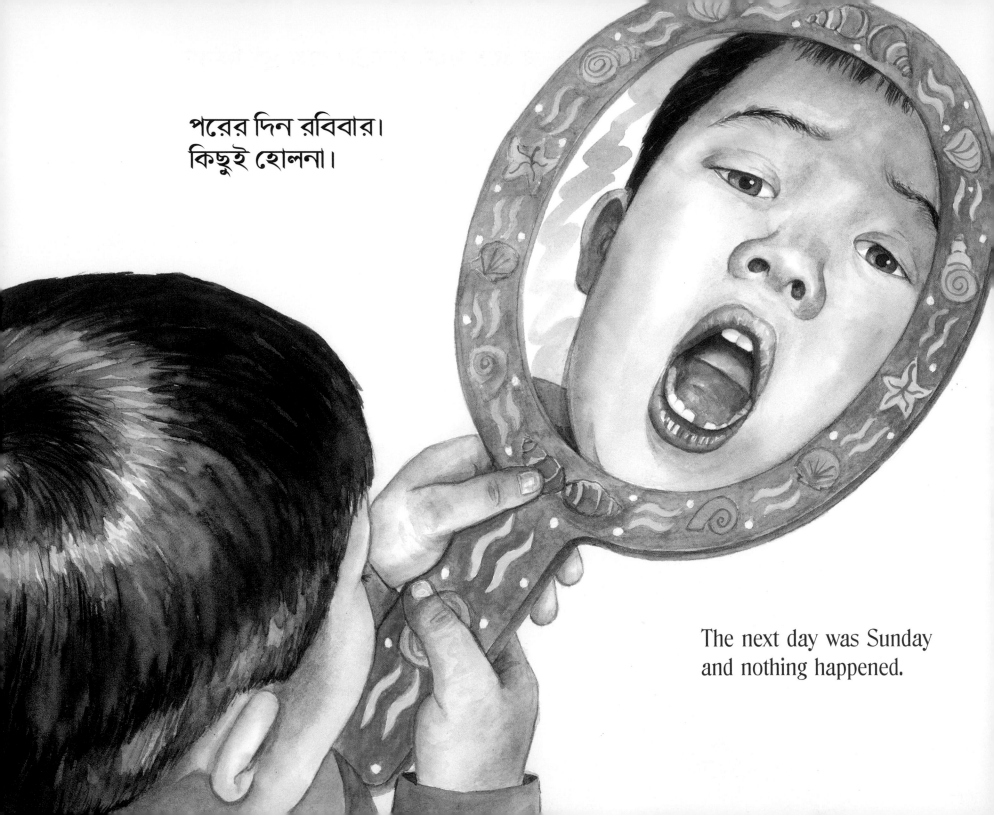

পরের দিন রবিবার।
কিছুই হোলনা।

The next day was Sunday
and nothing happened.

কিন্তু তার পরের রবিবার সকালে, ঘড়িতে যখন সাতটা বেজে দুই মিনিট, ঠিক তখন লি-র উইস্ সত্যি হোলো।

But the next Sunday morning at two minutes past seven, Li's wish came true!

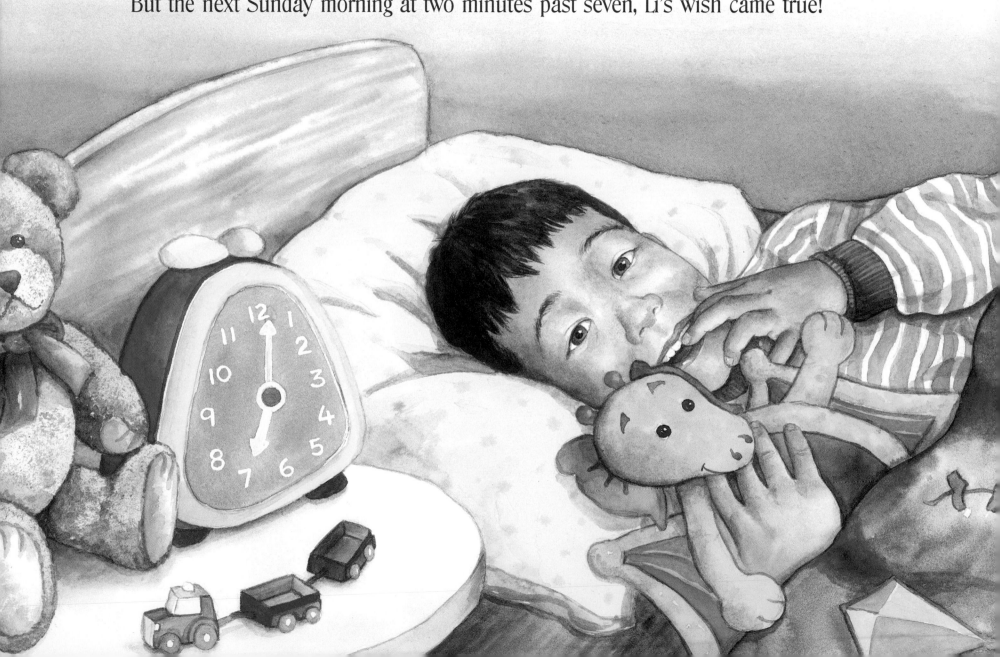

"আম্মা! আব্বা! দেখ!" লি আস্তে বলে।

"Mum, Dad," whispered Li. "Look!"

TOOTHY QUESTIONS

1. Have you lost your first tooth yet?

2. What do we need our teeth for?

3. How do you take care of your teeth?

4. When did you last visit the dentist?

5. Which one of these is best for taking care of teeth?
   a. Eating chocolate
   b. Brushing your teeth twice a day
   c. Climbing a tree

6. In some parts of the world people use different things to clean their teeth. Can you guess which they use?
   a. Apples
   b. Tea leaves
   c. Twigs

7. Which of these animals have the biggest teeth?
   a. Rats
   b. Wolves
   c. Elephants

TOOTHY ANSWERS

2. We need our teeth for eating and talking. They also make us look good when we smile!

5. Brushing your teeth twice a day.

6. Twigs from the Neem tree which grows in South Asia. They fight bacteria, protecting both the teeth and gums. The Neem tree is well known for its medicinal uses.

7. Elephants. Did you know that the tusks of an African elephant can grow up to 3.5 meters!